Der Verteiler der Strafen

Vlad Stanomir
Bukarest, 5. März 1983

Übersetzung 2017
aus dem Rumänischen von Gheorghe Stanomir

Die Deutsche Nationalbibliothek verzeichnet diese Publikation in der Deutschen Nationalbibliographie; detaillierte bibliografische Daten sind im Internet über http://www.dnb.de abrufbar.

© der deutschen Ausgabe: Verlag Menschin,
D-68199 Mannheim, Mai 2019
Cover und Satz: Obada Al Syah, Mannheim; Barbara Metzler, Langenargen

Erste Auflage

www.menschin.com

ISBN 978-3-944126-29-6
ISBN 978-3-944126-30-2 (E-Book)

Eine unvorstellbare Vielzahl von Wohnblocks, nachts um zwei, oder war es schon drei? Hätte ein nervenkranker Mann ohne Schlaf zum gläsernen Himmel hinaufgeschaut, hätte er drei Schatten beobachten können, die in rasanter Geschwindigkeit zwischen den Hochhäusern Typ P flogen und nachher unerwartet um den Block Nr. 243 bogen und verschwanden. Der Mann hätte sie nicht beachtet, so wie es zur Angewohnheit der Meisten geworden war, auf nichts mehr zu achten, nur drei Mal am Tag „Gott sei Dank" zu sagen, dass sie auch diesmal etwas Essbares auf den Tisch hatten. Und wenn dann seine Frau, verfroren und eingehüllt in mehrere Pullover und Bademäntel, auch auf den Balkon gekommen wäre, um zu fragen: „... was war das denn eben?", hätte er ungefähr Folgendes geantwortet:

„Leg dich schlafen, Frau. Was quasselst du da?"

„Oh weh, oh weh", hätte die Frau gejammert, „das sind Nornen. Jetzt holt uns der Satan!"

Jawohl, sie waren es, die Nornen, die gefürchteten Greaca, Leanca und Corbeanca. Die meisten Mütter, Tanten und Schwiegermütter riefen sie zu jeder Taufe eines Neugeborenen. Sie fürchteten zwar die Verordnungen der Machthaber, die den Aberglauben dem Volke austreiben wollten, die strengsten Verbote, zugleich aber griff ihre Angst vor den unbekannten Bedrohungen der Mythen tiefer. Für diese Botinnen des Schicksals deckte man ein Tischlein, direkt in der Nähe des Neugeborenen, ein Tischlein mit einem weißen Tuch. Kerzen wurden angezündet und aufgestellt, besondere Gaben wurden vorbereitet, die niemand berühren durfte: feiner, geräucherter Speck, der im Mund zergeht, eingelegtes Schweinefleisch oder geöffnete Fischkonserven. Es war eine bestimmte Anzahl von Kerzen, die von Stadtviertel zu Stadtviertel und von Wohnung zu Wohnung variierten; jede Mutter hielt eisern an ihrer Stückzahl fest, die sie von irgendwo gehört oder irgendwem geerbt hatte. Dies alles waren aber nur Nichtigkeiten. Wichtig war es, die Nornen zu rufen, ihnen zu verstehen zu geben, dass man sie erwartet, dass man ihnen huldigt. Egal ob mit fünf oder sieben Kerzen, ob mit einer Scheibe Brot oder einen Silberlöffel neben der Wiege des Kleinen, wichtig war die Anbetung. So hoffte man, das Kind und die Familie vor dem Zorn der fliegenden Weiber zu schützen.

In jener unerbittlich kalten und staubigen Novembernacht mit trockenem Frost beobachtete Alexiu den Himmel, doch ausgerechnet er konnte nicht sehen, wonach er suchte. Große Hoffnungen hatte er für diese Nacht nicht gehabt, ähnlich wie auch in den vergangenen Nächten. Dieses unendliche und quälende Suchen, Nacht für Nacht, ermüdeten ihn außerordentlich und brachte sein Leben am Tage durcheinander.

Er fror und war müde. Seine Hände waren steif vor Kälte, er hatte seine Handschuhe im Durcheinander eines Kaufhauses verloren. Unsinnigerweise hatte er versucht, etwas zu essen zu kaufen, es war um die Mittagszeit und er wollte keine Zeit verlieren, zu seiner Dienstkantine zu fahren. Danach, als seine Hände bereits froren, versuchte er, neue Handschuhe zu kaufen. Doch es war bereits zu spät, die Geschäfte schlossen schon mit Eintritt der Dunkelheit. Hinzu noch ein Ärgernis: ständig hielten ihn die Verkehrspolizisten an. Dabei hatte er sich ein normales Auto mit üblichen Kennzeichen genommen, um nicht aufzufallen, und damit er leichter durch die Stadt schleichen und unerkannt durchkommen konnte.

Er schaute sich um, keine Bewegung, keine Spur von einem Menschen, kein Auto, nur ein paar streunende Hunde, die ihn den ganzen Abend lang begleitet hatten. Er schaute zum Himmel – zum wievielten Male? – schaute dann zu der Terrasse des Wohnblocks. Die Terrasse wäre ein ausgezeichneter Beobachtungspunkt, aber der verdammte Hausmeister. Wer weiß, was für ein alter Idiot dieser wohl sein mag. Er hatte den Übergang vom Treppenhaus zur Terrasse abgeriegelt. Ein regelrechtes Gitter aus Eisen mit Schloss. Woher hatte er das Eisen dafür bekommen? Ich werde ihn auffordern, mir die Quittungen zu zeigen. Wer hat das alles so zusammengeschweißt? Fast hätte er über sich selbst gelacht, so weit war er gekommen, den Stadtteil-Polizisten zu spielen. Er betrat den Eingangsflur des Blocks, beide Lifts funktionierten, welch ein Wunder. Er stieg dann aber zu Fuß hoch, stufe um Stufe, nach einem Geräusch, einer Bewegung lauschend. Bei der betreffenden Etage hatte er gar keine Probleme, die Türe war halb geöffnet, dann wurde sie von irgendjemand gänzlich geöffnet, ein grau melierter Mann mit trübem Blick, sichtlich betrunken. Dieser wandte sich direkt an ihn: „Gib mir eine Zigarette!" Er gab ihm eine, zündete sie ihm mit dem Feuerzeug an. Der Mann hängte sich ihm um den Hals, hauchte ihm ekelerregend direkt ins Gesicht und flüsterte:

„Mutter-Mütterchen …, Mutter-Mütterchen, zum Teufel…"

Er hielt den Mann aufrecht und trat mit ihm in die Wohnung.

Alle Türen standen offen, im Wohnzimmer ein gedeckter Tisch, der saure Rauch war so dicht, dass man ihn hätte durchschneiden können, schlechter Tabak, tiefe Stimmen, auf dem Tischtuch Flecken von verschüttetem Wein, die Männer drückten ihre Zigaretten aus, wo sie gerade waren, sie hatten ihre Krawatten gelockert, schienen gereizt und verschwitzt. Und die Augen… Was für Menschen! Sehen normale Menschen bei einem Fest so aus? Sehen normale Menschen so aus, wenn sie feiern?

„Nimm, Kindchen!"

Eine alte Frau bot ihm ein Glas Wein an. Sie kannte ihn, aus ihrem Blick konnte er erkennen, dass sie ihn kannte. Er stieß sie behutsam zur Seite, ging an ihr vorbei, schnurstracks ins Bad. Er öffnete die Tür, wieso gerade ins Bad? Was genau wollte er im Bad? Dort stand eine Frau vor dem Spiegel und versuchte, sich zu kämmen oder ihre Haare zu richten, sie wirkte weder überrascht noch empört, sie schaute ihn nur einfach an. Dann probierte er eine andere Tür, hier war das Kinderzimmer. Ein altes Frauchen machte ihm ein Zeichen mit dem Finger vor den Lippen, nicht laut zu sein. Überall nur alte Weiber! Dann noch eine Tür, ja, hier war es, überall Handtücher und Windeln, jener Geruch nach Milch, der Geruch eines Neugeborenen. Neben der Wiege war eine Kerze zu sehen.

„Zum Teufel!", sprach Alexiu zu sich, „ja wirklich, so etwas…"

Neben dem Bettchen lag ein Stück Seife, nicht mal was Besonderes oder Importware, ein Stück normaler Seife, phantasielos benannt „Zitrone" oder „Violetta". Massenware, die ohne Verpackung verkauft wurde. Was für ein Wahnsinn! Womit vergeudete er seine Nächte? Wieso sank er auf das Niveau dieser einfachen Menschen ab, die die Nornen mit einem Stück Billigseife anlockten?

Die Alte war weiterhin bei ihm, noch immer mit einem Glas Wein in der Hand. Alexiu stützte seine Stirn an die Türkante. Das Kinderzimmer wurde mit einem Elektroherd geheizt, in den warmen Luftwellen fühle er sich geschwächt, in seinen gefrorenen Händen pulsierte das Blut schneller. Er nahm das Glas und probierte, es war ein guter Wein, sehr gut, er trank ihn auf einmal aus. So ist es, dachte er, seitdem es keinen Zucker mehr gab, blieb der Wein sauber. Die Bauern konnten ihn nicht mehr pantschen. Er gab das leere Glas der Alten zurück.

„Oma hat noch Wein, es ist noch genug da. Komm mit Oma und setzt dich an den Tisch. Oma kann dir auch etwas zum Essen richten. Komm mit Oma mit…"

Er ließ sich von der Alten in das Zimmer führen, wo gefeiert wurde, setzte sich auf einen Stuhl und ließ sich bedienen. Er war hungrig. Erst nachdem er zu essen begonnen hatte, erkannte er, wie stark sein Hunger gewesen war. Er trank dann ein paar Gläser Wein, eines nach dem anderen. Ein guter Wein, er wirkte schnell. Er fühlte, wie seine Beine träge wurden. Die anderen schienen ihn nicht wahrzunehmen, einige kämpften noch mit Torten oder sonstigen Kuchenresten, andere spornten sich gegenseitig zum Trinken an. Alle sahen alt aus, lustlos, apathisch. Von irgendwoher kreischte Musik. Alexiu aß gewissenhaft alles, was ihm vorgelegt wurde. Schnell war er satt, fühlte sich vollgestopft. Die Müdigkeit erfasste ihn noch stärker, am liebsten hätte er sich auf das Kanapee in der Ecke gelegt, um ein wenig die Augen schließen zu können.

„Ich kann nicht mehr", lehnte er die neu gebrachten Sandwiches ab. Er wollte aufstehen.

„Warte", hielt ihn die Alte auf, „bleib noch bei uns. Du hast viel getrunken, du kannst so nicht Auto fahren. Ich koche dir einen Kaffee, so etwas richtig Gutes."

Einige Männer diskutierten. Alexiu versuchte zu erfassen, worum es ging, aber die Sätze flogen an ihm vorbei, er konnte ihren Sinn nicht erkennen.

„Was?" drehte er sich nervös um. Jemand hatte sich an ihn gewandt, etwas gefragt und wartete auf Antwort.

„Ich fragte, was für eine Meinung hast du?" Der Mensch wollte nicht locker lassen.

„Es ist schlimm", antworte Alexiu, überrascht von sich selber. „Wie man es auch wendet, es bleibt einfach schlimm."

„Das sagte ich auch", nickte der andere.

„Aber nein", mischte sich eine Person mit rotem Gesicht und großer Nase ein, „gar nicht! An diesem Punkt irrt ihr alle, es gibt gar kein Gutes und auch gar kein Böses, so was gibt es nicht, es gibt keinen Platz mehr dafür. Alle zusammen zerbrecht ihr euch den Kopf und versucht, den Sinn des Lebens zu ergründen, stimmt's? An dieser Stelle stolpert ihr, hier wisst ihr nicht mehr, wohin es gehen soll, oder?"

Alexiu zuckte mit den Schultern und verlangte nach einem Weinglas.

„Nun gut, was ist dann aber der Sinn des Lebens?"

„Das ist es, den Sinn gibt es nicht", lachte der Mann mit dem roten Gesicht. „Es gibt ihn nicht! Das Leben hat gar keinen Sinn, nichts!" Eine Frau brachte ein Tablett mit Tassen und begann Kaffee aus Ersatzstoffen zu verteilen. Die Musik wurde wieder laut, die Stimmen mischten sich, im Vorzimmer wurde gestritten.

Alexiu näherte sich dem Sprechenden.

„Fahr fort", sagte er zu ihm, „es interessiert mich."

„Er ist besoffen", lachten einige aus der Runde. „Wenn er trinkt, packt es ihn…"

Der Mann beugte sich zu Alexius Ohr und flüsterte ihm zu: „Es gibt keinen Sinn, es gibt kein Gutes und auch kein Böses. Der Mensch hat von Natur eine bestimmte Menge an Energie, und so lange er genug davon hat, solange funktioniert er wie ein Motor. Er fuchtelt mit Händen und Füßen herum, er regt sich auf, lässt sein Mundwerk plappern, er macht Krach, jammert, schreit. Sobald diese Energie ausgegangen ist, hoppla, auf einmal wird er ruhig und sitzt brav da. Wie ein Motor, dem der Brennstoff ausgeht, zack, aus und vorbei, fertig, nicht wahr? Hast du das mal gesehen? Kinder basteln kleine Raketen, groß wie eine Zigarre, aus Silberpapier, sie wickeln etwas Sprengstoff hinein, zünden es an und lassen es lossausen, in der Schulklasse oder zuhause in der Küche. Nun, diese Raketen haben keine Richtung, keinen Gott, sie springen von hier nach da, sausen mal nach oben, mal irgendwohin, sie drehen sich um, wenden sich, erzeugen Rauch und du kannst sie nicht anhalten, weil sie viel zu heiß sind. Du hast Angst vor ihnen, du weißt nicht, wann sie in deine Richtung losgehen. Aber dies alles dauert nur solange, wie es dauert.

Wenn die Brennkraft verbraucht ist, hoppla, auf einmal beruhigt sich alles, oder? Dies ist die ganze Philosophie, oder?"

„Er glaubt selbst nicht an das, was er sagt", hörte man aus dem Hintergrund die Stimme der Alten. Alexiu drehte sich mit dem ganzen Körper um, die Frau hatte ihm einige Sandwiches eingepackt, er akzeptierte sie wortlos.

„Nicht wahr, Mütterchens Liebling", hakte die Alte nach, den Kopf schüttelnd, mit einem vielsagenden Blick, „nicht wahr, dass Du es besser weißt?"

„Was soll ich wissen", antwortete flüsternd Alexiu, so als ob er wünschte, dass die anderen ringsum nicht mithören können.

„Dass es alles gibt", flüsterte ihrerseits die Alte, „dass es all dies gibt. Auch das Gute, auch das Böse, auch die Freude und die Belohnung, und…"

„Und…?"

„Und die Strafe", murmelte die Alte und wollte sich entfernen.

„Wo", hielt sie Alexiu am Arm fest an, „wo ist sie? Wo siehst du sie?"

„Ich sehe sie nirgends, aber sie gibt es trotzdem. Dies ist das Wesen der Sache, anders geht es gar nicht."

„Ist es wirklich so?"

„Ja so, wirklich. Wir sehen sie nicht, aber jemand wird kommen und sie austeilen."

Alexiu stand plötzlich auf, zog sich an und verließ die Wohnung. Nach unten nahm er den Fahrstuhl, ging zur Straße und stieg ins Auto. Der Frost war bitter kalt und die Scheiben des Wagens waren mit einer undurchsichtigen Eisschicht bedeckt. Er hatte

keine Geduld, die Scheibe zu enteisen, kratzte mit den Finger-
nägeln an der Vorderscheibe nur so weit, bis er etwas von der
Straße sah. Dann fuhr er mit Vollgas los. Der Rückspiegel war
vereist, sonst hätte er sehen können, wie drei schwarzgekleidete
Weiber im Sog des Autos schwebten, wie in einem Netz, etwa
einen halben Meter über der Fahrbahn. Sie waren in Lumpen
gehüllt und ließen sich vom Fahrtwind tragen, als wären sie zu
faul, um aus eigener Kraft zu fliegen.

„Wenn er jetzt scharf bremst, schlagen wir auf ihn ein", knurrte
eine von ihnen.

„So blöd wird er nicht sein."

Auf dem Boulevard an der Kreuzung war eine Polizeistreife
zu sehen, die alle vorbeifahrenden Autos kontrollierte. Die drei
Schatten hoben bis auf die Höhe der Baumkronen ab, schlichen
gewandt zwischen den Drähten der Straßenbahn durch und
verteilten sich wie ein Fächer, als würden sie verfolgt. Sie machten noch ein paar Grußzeichen in Richtung des Fahrers, der von
der Polizeistreife angehalten worden war, und verschwanden.
Der Fahrer unten auf der Straße suchte gereizt nach seinem
Führerschein und weigerte sich beharrlich in das Alkohol-
teströhrchen zu blasen.

Am nächsten Morgen gegen neun Uhr.

Constantin, genannt Costel, für die Freunde Cos, blickte sich im Fabrikhof in alle Richtungen um. Noch war er unentschlossen, was er gerade tun sollte. Es lohnte sich nicht, ins Büro zurück zu kehren; in seiner Abteilung ARCHITEKTUR II war es bitter kalt. Das Großraumbüro war geräumig und die unter den Tischen versteckten Elektroheizer nahm man kaum wahr. Außerdem wurden sie immer weniger. Den Menschen steckte die Angst vor der Geschäftsleitung in den Knochen. Es wurde laut verkündet, dass sogar die unschuldigen Tee- und Kaffeekocher verboten waren und die Oberen – man höre und staune! – ihren Kaffee von zu Hause in der Thermoskanne mitbringen würden. Nun, wo sollte er hin? In die Nebengasse zur Bäckerei? Nicht doch! In der letzten Zeit backten sie Palatschinken mit Kürbis, nicht mal deren Geruch konnte er ertragen. Seinen Wollschal hatte er nicht mit, also besser zurück in seinen Büroraum, nachschauen, was dort los war, was die Vorgesetzten so taten, wo sie gerade waren, vielleicht wurden sie gerade zu einer Sitzung beordert, vielleicht gibt es wieder eine Gewerkschaftsaktion, irgendein Besuch in einem Museum. Im Museum war es sicherlich wärmer, vielleicht war es von dort nicht mehr weit bis zu einer Kneipe.

Er schaute zuerst ins Verwaltungsbüro hinein. Die Mädels dort, die Wollmützen bis über die Ohren gezogen und Pullover über die Hüften gebunden, kochten Tee. Sie nahmen ihn gar nicht wahr. Nur Zina hob leicht den Blick, ohne jedes Interesse. Dagegen war im Büro der Abteilung ARCHITEKTUR I richtig was los. Die Tochter des stellvertretenden Direktors hatte eben ihr

Examen in Medizin bestanden. Ihre Arbeit hatte die Missbildungen der Gebärmutter zum Thema und alle Architekten zeichneten große vielfarbige Graphiken. Einige davon waren schon an den Wänden ausgestellt, Teilansichten und Großzeichnungen von weiblichen Körperteilen. Costel schaute sich alles der Reihe nach an und versuchte eine Verbindung herzustellen zwischen dem, was er sah und dem was er über diese rätselhaften Teile der Frau zu wissen glaubte.

In seinem Büro herrschte allgemeine Apathie. Ein paar Mädels strickten versteckt hinter den schräg aufgestellten Zeichenbrettern, vorsichtig die Eingangstür beobachtend. Die anderen saßen in Mänteln eingepackt, einige mit dem Kopf auf dem Schreibtisch schlafend, andere die Heizkörper betrachtend, als würden sie auf ein Lebenszeichen aus dem Inneren der erkalteten Eisenteile warten.

„Teufel noch mal", murrte irgendeiner, „in einem Monat beginnen die Winterfeste! Mann, Mann! Letztes Jahr machten wir um diese Zeit schon die Vorbereitungen für Silvester. Wir planten schon, wo wir den Hartkäse kaufen, wo den Schinken, was es kostet… Was ist denn mit uns los? Sind wir total verblödet? Keine Glückwunschkarten, ich sehe nicht mal mehr Glückwunschkarten, vor einigen Jahren malten wir wenigstens Glückwunschkarten."

„Sei ruhig", hörte man eine tiefe Stimme hinter einem Bretttisch.

Costel nahm seinen Wollschal mit einer langsamen Geste, so, als hätte er eigentlich gar keine bestimmte Absicht. Ein unnötiges Theater. Angela roch den Braten sofort. Er hatte etwas vor, er wollte nach draußen. Sie flüsterte ihm leise ins Ohr, er solle ihr auch was Essbares mitbringen, aber keineswegs die Sojasalami, auch sonst keine Wurstprodukte, denn die sind mit Knochenmehl zubereitet, nein, auch keine Palatschinken, weil sie aus Kürbis gemacht sind, vielleicht eine Fischkonserve, obwohl auch bei denen nicht klar ist, woraus sie gemacht sind...

„Sie, wo wollen Sie hin?", versuchte die Pförtnerin ihn anzuhalten. Costel begnügte sich, etwas Unverständliches zu murren, etwas, was auch als „zur Zentrale" oder „zur Bank" hätte verstanden werden können, und ging weiter. Der Portier, meinte er, sollte sich immer von dir fürchten. Er darf nie wissen, wer du bist und was du tust. Deswegen darfst du ihn nie grüßen, und wenn er dich grüßt, musst du ihm mit einem überlegenen Knurren antworten. Entsprechend verhielt er sich, gerade und steif, bis er über die Straße gegangen war und sich in einer Schlange vor einer Bäckerei versteckte. Eine ausgezeichnete strategische Stelle, von wo aus man jeden Chef beobachten konnte, der ging oder kam.

Er blickte die Straße entlang, drauf spielten Zigeunerkinder, nur halb angezogen – schau an, zum Teufel, wie halten sie es aus? – dachte er voller Neid.

Er ging zur Apotheke, niemand da, wahrscheinlich hatten sie kein Aspirin gebracht oder es war schon ausgegangen. Der Tabakladen war geschlossen, beim Milchladen niemand, im Wurstgeschäft war es leer wie in einer Wüste, dazu ein Gestank, der ihn sofort davonjagte. Im Fischgeschäft nur griechische

Olivenkonserven, Regale voller Olivenkonserven. Sauber, so sauber, dass man den Boden hätte ablecken können. Dort war seit Langem keine Ware mehr hingebracht worden. Zurück auf die Straße, immer noch Kälte, immer noch die Zigeunerkinder ohne Kopfbedeckung, nur in Lumpen angezogen, zum Teufel, wie sie das aushielten? Dann ein Hocker, klein, grün gestrichen, mit einer Tragetasche drauf, dann eine ganze Reihe von Hockern. Eine ganze Reihe von alten Männern und Frauen, warm eingehüllt und auf langes Warten vorbereitet. In seine Gedanken vertieft ging Costel an der Metzgerei vorbei, ohne auf etwas zu achten. Einige Schritte weiter blieb er plötzlich stehen. Irgendjemand in der Reihe von Menschen war ihm aufgefallen. Er schaute zurück und zögerte. Es war nichts Besonderes zu bemerken, nur Menschen, die in einer Reihe warteten. Dennoch drehte er sich um und marschierte nochmals an der Warteschlange entlang.

Es war ein Mann in der Menschenreihe. Er hatte keinen Hocker dabei, saß auf seinem Diplomatenkoffer. Wieso hatte er ihn nicht schon vorher bemerkt? Er hätte ihm sofort auffallen müssen. So ein Typ hatte in einer Schlange, in einer solchen Aufreihung von Menschen, nichts zu suchen. Die Zeiten hatten sich gewandelt, alle Menschen standen Schlange, die Zeit der Dienstboten oder Mägde war längst vorbei. Höhere Offiziere standen brav in der Warteschlange, wenn es Schafskäse zu kaufen gab. Aber mit diesem Mann war etwas anders. Er stammte nicht aus dem Fußvolk, seine Kleidung war zu teuer, er war zu selbstsicher. Er gehörte zu jenen Menschen, die nicht einkaufen, man bringt ihnen alles nach Hause. Sein Auto war nebenan geparkt, es war bestimmt sein Wagen, das konnte man von Weitem erkennen. Er trug eine teure Brille mit dünnem Rahmen. Ein Intellektueller, dachte er, er hat die Aura eines Intellektuellen. Und er schaute ihn direkt an, ihn Costel.

„Was geht mich das an?", meinte Costel zu sich selbst und ging seines Weges. Nach einigen Schritten blieb er erneut stehen. Er kehrte um und ging zurück, bis er vor dem Mann stehen blieb. Dieser schaute ihn weiter direkt an und verfolgte jede seiner Bewegungen. Costel fixierte ihn seinerseits. Er konnte die Gesichtszüge des Mannes wahrnehmen, er hatte eine Nasenbeinkrümmung, dünne Lippen und unter den Augen Falten, typisch für einen Menschen, der viel liest. Eindeutig, ein Intellektueller. Sein Mantel war Importware, die Hosen waren nicht abgetragen. Ein weißes Hemd mit Krawatte, wer trug denn heute noch am Vormittag ein weißes Hemd?

„Hallo", sagte Costel.

„Guten Morgen, mein Freund", er sprach korrekt, gewählt, der Typ des Menschen, der in der Öffentlichkeit sprechen kann.

„Wie geht es denn so?", fuhr Costel fort.

„Gut", antwortete der Mann, „nun ja, so gut es gehen kann."

Der Mann schien über die fünfzig zu sein, dennoch duzte Costel ihn absichtlich.

„Wie sagtest du noch, dass du heißt?"

„Alexiu."

„Und, was tust du hier? Du versteckst dich in der Warteschlange, um zu beobachten, um zu lauschen…"

„Du irrst, mein Freund. Ich lausche nicht. Ich warte in der Schlange wie jedermann, um Fleisch zu kaufen."

„Marietta, na ja", sagte Costel, „es ist nichts Besonderes an ihr, aber die Art, wie sie sich bewegt, kann einen verrückt machen. Sie trägt immer Hosen, sehr enge Hosen, und ihre Art, die Beine zu bewegen, macht einen verrückt. Sie hat lange und dünne Beine, und sie bewegt sie andauernd. Keinen Augenblick ist sie ruhig, mal drückt sie die Knie aneinander, dann auseinander, dann bückt sie sich nach vorne, dann kommt sie von der Seite und bewegt ihre Hüfte. Ich glaube nicht, dass sie alles absichtlich macht, nach einem fest geplanten Schema, ich glaube eher, dass sie den Teufel im Leibe hat. Nein, ich habe nicht mit ihr geschlafen. Wir sehen uns manchmal samstags beim Bridge. Ich meide es, ihr gegenüber zu sitzen. Wenn sie vor mir sitzt, kann ich mich nicht aufs Spiel konzentrieren, ich kann meine Blicke nicht beherrschen. Eigentlich ist sie nicht schön, ihre Nase ist groß und sie trägt eine Brille mit vielen Dioptrien, die ihre Augen unheimlich vergrößern. Das ergibt nicht das klassische Schönheitsbild. Wenn sie dich anschaut, neigt sie ihre Nase nach vorne und blickt über die Brille. Gepflegt wirkt sie nicht, sie trägt Kleidung aus Sackgarn oder dunkelbraunem Stoff, wie beim Militär, und Tennisschuhe… Sag mir aber, warum interessiert dich dieses alles? Du bist doch nicht von Frauen besessen, oder? Ich kann mir nicht vorstellen, dass du durch Schlüssellöcher schaust. Willst du Frauen kennen lernen? Echt, das kann ich gar nicht glauben…"

„Hat sie mit dir über Neugeborene, über Säuglinge, über Geburten gesprochen?", unterbrach ihn Alexiu.

„Was?"

Sie saßen beide an einem schmutzigen Tisch in einer Kneipe. Costel bestellte zwei Gläser Pflaumenschnaps, hatte eins sofort leergetrunken, dann das zweite, denn Alexiu schien kein Trinker zu sein. Dann verlangte er für sich ein Erfrischungsgetränk, roch dran und schob es weg. Neben ihnen war an der Wand in großen Buchstaben geschrieben, dass Bier nur zusammen mit Würstchen serviert wurde. Costel schaute zur Servierfläche, hinter der schmutzigen Glasscheibe gab es nur ein Stück Speck und die allgegenwärtigen Gläser mit griechischen Oliven, manche mit Peperoni und andere mit Erdnüssen gefüllt. Costel sprach den Kellner lautstark an, er bestellte eine Portion Würstchen mit Meerrettich, und wenn kein Meerrettich da war, dann eben mit süßem Senf.

„Klugscheißer!", antwortete der Kellner mit erhobener Stimme.

„Bist du schon bei einer Taufe gewesen?", fragte ihn Alexiu erneut. „Was für Bräuche gibt es noch? Werden noch Geldmünzen in die Badewanne geworfen, werden noch verschiedene Gegenstände auf einem Tablett verteilt?"

„Keine Ahnung", schüttelte Costel den Kopf, „es wird getrunken und es wird gegessen."

„Ist es dir schon mal passiert, dass du den Eindruck hast, dass etwas nicht in Ordnung ist? Dass etwas passiert, was für dich von äußerster Bedeutung ist, was du aber nicht genau zuordnen kannst? Etwas, was mit dir passiert, in deiner Umgebung. Du nimmst an allem teil, ohne genau zu wissen, wann und wieso... Du erkennst, dass die Ereignisse logisch miteinander verwoben sind, dass nichts zufällig passiert?... Sag mir bitte, wenn du etwas

Böses tust, wenn du vorhast, Böses wissentlich zu tun, dann, in jenem Moment, wenn du deine Tat überlegst, denkst du dann, dass du dafür auch bestraft werden kannst? Denkst du, dass es für jede böse Tat eine Strafe gibt?"

„Nein", antwortete Costel kurz. „Nein. Weil ich nichts Böses tue. Ich tue nichts Böses, im wesentlichen Sinn. Ich will damit sagen, ich tue nichts, was ich als wesentlich böse betrachten könnte."

„Bist du sicher? Denn, jeder…"

Costel fühlte sich schwach. Die Schnäpse auf den leeren Magen hatten ihn schläfrig gemacht, das sinnlose Gespräch ermüdete ihn und seine Augen brannten. Er wollte noch eine Runde bestellen, aber Alexiu hielt ihn auf:

„Komm, lass uns anderswo hingehen. Vielleicht finden wir ein besseres Lokal, wo es sauber und warm ist."

„Maria", Costel machte eine weite, erklärende Geste mit der Hand - sie waren in einem Separée eines besseren Restaurants, mit Teppichboden - „Maria ist eine schöne Frau, zumindest sehe ich sie so. Sie hat braune, lange Haare, die Form ihres Kopfes ist perfekt. Ihre Augen sind ein wenig groß, aber blau, viele Frauen haben blaue Augen, aber nicht solche, wie sie. Ihre Nase ist fein, die Vorderzähne ein bisschen verformt, aber all dieses zusammen bestimmt ihre Einzigartigkeit - der Zauber einer Frau baut sich nach einer sonderbaren Geometrie auf, die in keinem Lehrbuch zu finden ist. Ob ich mit ihr geschlafen habe? Mensch, du bist regelrecht besessen! Die Frauen, mit denen ich geschlafen habe, interessieren mich nicht mehr. Nein, ich hatte nichts mit ihr, sie ist die Ehefrau eines Freundes. Sie ist eine wunderbare Frau und es ist mir ein Vergnügen, ihr das jedes Mal zu sagen. Ihr gefällt es auch jedes Mal, es zu hören. Sie hat eine ziemlich schrullige Art, ist zänkisch, aufgeregt, nervös, aber nie mir gegenüber; wenn ich sehe, dass sie vom Teufel gepackt wird, nehme ich sie in die Arme und küsse sie auf die Wangen, sie streichelt mein Gesicht, lässt ihren Kopf auf meiner Brust liegen und beruhigt sich, soweit dieses möglich ist. Ob ich fleischliche Begierde für sie empfinde? Ich bitte dich! Was soll ich dir dazu sagen, nein, nicht besonders. Wie ich reagieren würde, wenn sie mich auffordern würde? Sie tut es nicht."

„Und wenn sie, trotz all dem, dir es zu verstehen geben würde?"

„Ich kann dich nicht verstehen", hob Costel die Schultern.

„Du musst über fünfzig Jahre alt sein, vergeudest deine Zeit in Kneipen mit mir, lässt mich dummes Zeug erzählen… Du weißt doch, angetrunken erzählen die Leute allerlei. Wenn uns jemand zuhört, kann er nur lachen…

„Sag mir", unterbrach ihn Alexiu, „hast du jemals das Verlangen gehabt, über dich selbst zu urteilen? Über dein Leben, über deine wichtigsten Handlungen, diese auf eine Waagschale zu stellen? Denk jetzt nicht über etwas Juristisches nach. Keine Gerichtsverhandlung, ein guter Anwalt kann dich geschickt verteidigen. Einiges kann man verschweigen. Versuche dir dein eigenes Gericht vorzustellen, bei dem du Ankläger und Verteidiger bist, und versuche, dir vorzustellen, dass du dir gegenüber so ehrlich bist, dass du gar nichts verheimlichen kannst, weil du alles weißt."

Costel wurde es immer schwindliger. Auch in diesem neuen Restaurant, gehobene Kategorie, konnte man nichts Anständiges zu Essen finden. Sie hatten gebratene Leber bestellt, doch weder Alexiu noch Costel hatten sie berührt. Das Lokal wurde voller, es war bereits nachmittags. Costel dachte nebenbei, dass er nicht mehr zur Arbeit zurückkehren würde, seine Sachen würden zerstreut auf dem Tisch und seine Schubladen unverschlossen bleiben. Es war ihm egal. Er war aufgeheitert, euphorisch, hatte Lust zu trinken und zu reden. An ihrem Tisch war ein Mann erschienen, dunkle Haut, dünner Schnurrbart und Lederjacke, er trug bei sich eine voll gestopfte Tasche. Sie hatten ihn erst gar nicht bemerkt, der Mann bestellte Schnaps mit Sirup, nach der Meinung von Costel, ein grauenerregendes Gesöff, trank es in einem Schluck und bestellte noch mal dasselbe. Danach hob er sein Glas und wandte sich an die beiden, ohne irgendeine Einführung:

„Ich wünsche Ihnen, meine Herren", fing er mit leicht singender Stimme an, dass ihr einen sauberen Geist behaltet! Vielleicht ist ihnen das nicht bewusst, aber dies ist der allergrößte Wert überhaupt."

Sie haben ihm nicht geantwortet. Sie haben ihn nur lange angeschaut, wie man einen Geist ansieht. Costel hat seinen Zeigefinger in Richtung Alexiu gestreckt.

„Du verfolgst mich", fing er an, langsam und stolpernd zu sprechen, „du verfolgst mich ganz gezielt. Du hast eine genau geplante Vorgehensweise. Es wäre für dich ein Leichtes, mich verhaften zu lassen. Nie habe ich mein Maul gehalten, nie war ich bedacht oder besonnen. Aber was würde es dir nützen? Ich bin ein Schaf. Ein Schaf wird nicht ins Gefängnis gesteckt, es wird nicht zum Märtyrer. Ein Schaf lässt man weiden, es wird einmal im Jahr geschoren, und wenn die Zeit gekommen ist, dann stirbt es. Ein Schaf blökt, aber wer hört schon hin? Wollt ihr uns alle einsperren? Habt ihr mich nicht bereits eingesperrt?"

Er trank noch ein bisschen Sliwowitz, ein wenig nur, in seinem Kopf drehte sich schon alles.

„Wir sind eigentlich Gefangene, oder? Wir tragen Gefangenenuniformen, wir leben wie Gefangene und wir verhalten uns wie Gefangene. Einen Gefangenen zu verhaften, das ist dämlich."

Da sie in der Nähe des Fensters saßen, konnte Costel auf der Straße drei schwarz gekleidete alte Frauen sehen, eingehüllt in Lumpen wie die Zigeunerinnen, die ihrerseits, so schien es, durch das Glas in das Innere des Restaurants schauten.

„Eigentlich", nickte Costel mit dem Kopf, „eigentlich warte ich seit Langem auf dieses Treffen. Nicht dass ich mich davor gefürchtet oder es mir gewünscht hätte, nein, einfach so. Da es euch gibt, da über euch so viel geredet wird, so viel und so übertrieben fantastisch, und da es auch mich gibt, und da ich euch hinter jedem Schatten und bei jeder Bewegung spüre, da ihr im Bewusstsein jedes Einzelnen von uns seid, ist in mir die Neugierde erwacht, einen zu sehen, wie er denn wirklich mit Haut und Haar aussieht, wie er redet, wie er sich hinter dem Ohr kratzt, was er über dies und jenes denkt, denn schließlich wird er auch nur ein Mensch sein können… Nur eins überrascht mich, ich hatte erwartet, dass es ein Grobian ist, ein Untermensch. Entschuldigung, so in etwa sieht man euch. Vielleicht etwas Schulausbildung dabei, aber ein Karrierist, böse, zynisch, ohne Skrupel, paranoid. Auf keinen Fall hatte ich so einen wie dich erwartet. Nein. Auf keinen Fall. Du bist ein Intellektueller mit Format, so was kann man nicht verbergen, so etwas verspürt man bei jeder Geste. Dich stört es, wenn ich etwas grammatikalisch falsch ausspreche, so etwas fühlt man. Ich könnte wetten, du hast eine Bibliothek, vollgestopft mit Wörterbüchern. Gib es zu!"

„Ja."

„Und trotz all dem bist du einer von denen. Du bist einer von denen, oder?"

„Ja."

Der Tischnachbar, der sich alles genau angehört hatte, hob erneut sein Glas und wünschte jedem, einen reinen Geist zu haben.

„Seht ihr", sagte dieser, „nach euren Gesichtern zu urteilen, wisst ihr gar nicht, worum es eigentlich geht. Und es interessiert euch gar nicht."

„Heute Nacht habe ich geträumt", fing ein anderer Mann an zu reden – woher war nun dieser erschienen – „ich habe geträumt, dass mich die abgestürzte Weltraumrakete getroffen hat, dass sie genau auf mein Haus gefallen ist. Die Rakete…", erklärte er, „über die im Radio gesagt worden ist, dass sie kaputt gegangen ist und zurück auf die Erde fallen wird. Ich stand also vor meinem Haus und dachte gerade, die Rakete wird doch nicht gerade auf mein Haus fallen. Zum Teufel, die Erde ist so groß, ausgerechnet auf mein Haus? Und doch war es so. Es wurde Nacht, sternenklar, und ich schaute zum Himmel und sah einen leuchtenden Punkt.

Schau mal, sage ich zu mir, könnte es denn nicht die betreffende Rakete sein? Sie war es, und sie kam und kam und näherte sich. Ich habe noch gedacht, sie wird irgendwo in der Nähe einschlagen, es ist ja so viel Feld und Wald um die Stadt rings herum. Aber sie, des Teufels, kam direkt auf mich zu. Sie wird auf unser Stadtviertel fallen, sagte ich zu mir, die armen Menschen. Dann hörte ich ein Sausen und ihre heiße Flut beleuchtete die ganze Straße; bis es geschah, wollte ich gar nicht glauben, dass sie direkt auf mich zukam. Aber das tat sie. Buff!, und fertig, weg war ich. Ich war sofort tot, es hat auch nicht weh getan, ich habe auch nichts gefühlt. Ich fing an zu schweben und mich von der Erde zu erheben, leicht wie eine Flocke. Die Erde blieb irgendwo unten, immer kleiner, immer weiter weg.

Und so war ich im Fegefeuer angelangt und der erste, den ich sah, das war der Heilige Petrus. Nun aber, dem sein Mundwerk stand nie still, wie eine Mühle gab er alles Mögliche von sich. Und was für einen Blödsinn: als erstes hat er mir klar gemacht, dass Natron – du bekommst es in jedem Lebensmittelladen zu kaufen – es wirkt gegen Übelkeit, in Wasser aufgelöst ein gutes Deodorant ist. Du kannst dich damit unter den Achseln waschen und riechst wie Rosenparfüm. Warum also dich zu Tode plagen und Schlange stehen? Du plagst dich umsonst. Deodorant gibt es sowieso nicht mehr zu kaufen. Deodorant kannst du dir selbst zusammenstellen. Du musst praktisch sein, das versuchte mir der Heilige Petrus zu demonstrieren. Du musst mit der Zeit Schritt halten. Jammern kann jeder Idiot, der Schlaue findet sich zurecht, passt sich an, findet Lösungen.

Dann ging er zu Küchenproblemen über. Magst du pikante Soßen? Hast du dich an Leckereien gewöhnt? Warum bist du so dumm und kaufst sie bei Spekulanten? Es gibt ja auf dem Markt eine exzellente Tomatenpaste, und wenn du vorausschauend warst, hast du dir eine gewisse Reserve angelegt. Diese Paste kannst du mit etwas Wasser verdünnen, etwas Pfeffer und Zucker beimischen und du hast genau das, was du brauchst. Und den Kaffee mit Ersatzstoffen musst du erst mal sieben, um ihn von Holzstückchen und sonstigem Mist zu reinigen, dann kurz anbraten, aber ja nicht anbrennen lassen...

Und er machte weiter mit seinen Ratschlägen, bis jemand sich uns näherte, so als wäre er eben von der Erde aufgestiegen. Wer denkst du, dass er war? Ich wollte es erst gar nicht glauben. Es war Fürst Stefan der Große in Haut und Haar! Ich habe ihn sofort erkannt, an seiner Krone, dem Schnurrbart und den langen lockigen Haaren. Er atmete schwer, er hatte zwei schwere Tragetaschen bei sich, voll mit Gemüse, mit Flaschen und mit unterschiedlichen Einkäufen. Er trug seine fürstliche Kleidung, sah aber traurig aus, verschwitzt, müde, lustlos. Sein Säbel war vom Gürtel abgefallen und schleifte hinter ihm her, angebunden mit einem Riemchen, es schepperte auf den Steinen. Als ich ihn so sah, überfiel mich das Weinen, echt, die Tränen kamen mir und ich fing an regelrecht zu schluchzen.

Der Heilige Petrus hat mich geohrfeigt, fest, dass ich fast umgefallen bin. Er schrie mich an: „So? Na warte du!" und Paff!

nochmals eine Ohrfeige. Mir war es aber egal, ich konnte mein Weinen nicht unterdrücken. Dann holten mich zwei Engel und zerrten mich in den Gerichtssaal. Alles lief schnell ab, ich konnte kaum alles wahrnehmen. Der Heilige Petrus ging vor mir, ab und zu drehte er sich zu mir um und warf mir zornige Blicke zu. Der Richter stieg zu seinem Pult auf. Wer war es denn? Wer kann ihn schon kennen? Er hat seine Perücke aufgesetzt und ein großes Buch geöffnet. Der Heilige Petrus zeigte mit dem Finger auf mich und schrie laut:

„Hier, dieser ist es! Dieser!"

Auch Gott war in einem Eck des Saales erschienen. Es schien, als würde er sich in die Angelegenheit nicht einmischen wollen, er hielt sich abseits. Auch er war bedrückt, traurig, hielt seinen Kopf gesenkt. Stefan der Große stand rechts vom Richter, die Engel hatten mir die Hände nach hinten verdreht und mich auf die Knie gezwungen.

„Gestehst du?", fragte mich der Richter.

Die Engel ließen mich frei, ich stand auf und wischte meine Tränen mit der flachen Hand ab.

„Ich gestehe", antwortete ich, „ich bin schuldig."

Der Richter nickte mit dem Kopf. Dann fragte er mich erneut:

„Hast du was zu deiner Verteidigung vorzubringen?"

„Was soll ich schon sagen?" Ich brach erneut in Tränen aus. „Ich bin schuldig. Ich habe alles gesehen, ich habe alles gewusst. Alles ist vor meinen Augen passiert. Ich habe geschwiegen und es zugelassen, dass alles vor meinen Augen passiert. Nur eines, ich habe keine Scheiße gefressen. Alle taten es, alle in meinem

Umfeld, mehr oder weniger willentlich, ich aber habe mich davon ferngehalten."

„Und du glaubst, dass dich dies retten wird?", wollte der Richter wissen.

Sie ließen mich nicht antworten, dafür musste Fürst Stefan der Große sprechen. Dieser hatte die Tragetaschen auf dem Boden gelegt und seinen Säbel am Gurt zurechtgerückt, um wie ein König zu wirken. Er sah mich böse an und brüllte dann so, dass die Wände wackelten:

„Es gibt nur zwei Möglichkeiten: Entweder hat es mich nicht gegeben und die ganze Geschichtsschreibung ist erfunden, oder dieses Volk da – und er zeigte auf mich hin – diese da sind nicht meine Nachfahren!"

„Na bitte schön", maulte der Richter, stand auf und richtete seine Perücke, um sein Urteil auszusprechen.

„Und?", fragte Alexiu, sichtlich an der Geschichte des Unbekannten interessiert, aber dieser hatte aufgehört zu erzählen. Jemand vom Nachbartisch hatte ihn angesprochen, dann kam der Ober und flüsterte ihm etwas ins Ohr. Der Mann stand auf und verschwand genau so plötzlich, wie er auch erschienen war.

„Ich bin jetzt so besoffen", teilte Costel Alexiu im heiteren Ton mit, „dass du aus mir nichts mehr rausbekommen kannst. Nun gut, ich erzähle dir alles über die Frauen, die ich kennen gelernt habe, auch von Gina, auch von Nina, auch von … hicks … Du vergeudest deine Zeit mit mir. Du willst etwas von mir erfahren, das ist sicher, du bist an etwas interessiert. Aber was? Vielleicht weißt du es selber nicht so ganz genau. Wie es auch sei, ich freue mich, dich kennen gelernt zu haben, du bist ein feiner Kerl, auch wenn du einer von denen bist. Obwohl, wenn du mich morgen abholen lässt, dann wird es nicht mehr so fein sein. Was soll es, komm, lass uns trinken! Du trinkst ja nichts, du lässt mich saufen und du lauscht. Was willst du eigentlich erfahren? Echt, ich will es dir sagen, da gibt es nichts zu verbergen, alles ist offensichtlich, alles ist allen bekannt. Du hast zuhause bestimmt Wörterbücher, du kannst bestimmt fließend französisch sprechen, das ist leicht zu erkennen. Doch sag mir, wie ist es denn passiert."

„Was denn?"

„Wie kamst du dahin, wo du jetzt bist?"

Sie waren zu Besuch bei einer jungen Frau, Antonia, eine Kollegin von Costel im Büro ARCHITEKTUR II. Hier war Costel wie zuhause. Antonia hatte die Scheidung eingereicht und lebte mit einem anderen Architekten, auch dieser in Scheidung. Costel war der Hausfreund. Es waren auch andere Gäste zugegen, Freunde und gewesene Kameraden aus der Schulzeit. Es war weder Samstag, noch der Bridge-Tag, aber die Feste, die spontan mitten in der Woche stattfanden, waren oft die gelungensten.

„Wer ist dieser Mann?", hatte Antonia gefragt und mit einer Geste auf Alexiu gezeigt, der in der Küche Kaffee kochte.

„Gott wird es wissen", hob Costel die Schulter, „keine Ahnung."

„Er ist außerplanmäßiger Professor bei uns am Lehrstuhl", flüsterte Mia, eine andere Frau in Scheidung, „und sie wollen ihm keine richtige Professur genehmigen."

„Warum?"

„Ah, mein Gott", rief Mia aus, „als würdet ihr in einer anderen Welt leben, man hat doch schon seit Jahren keine Professoren mehr berufen." Costel war ein wenig in einem Sessel eingeschlafen, um sich zu erholen. Antonia, die von Natur aus neugierig war und alles über ihre Gäste wissen wollte, zog Mia zur Seite.

„Er ist ein sehr gebildeter Mann. Er ist tief bis zum Hals in die Politik verwickelt, aber alle akademischen Grade hat er noch von früher. Nein, nein, er hat in der Hochschule nicht als Parteikader gewirkt, damals war er noch nicht in der Politik. Die Hochschule hat er besucht wie jedermann, ein promovierter Wissenschaftler. Er hat eine Reihe von Aufsätzen und Bücher geschrieben, ich war mal bei ihm zuhause, er arbeitet immer noch bis tief in der Nacht."

„Aus was für einer Familie kommt er?"

„Oh, ich weiß es nicht, jedenfalls waren die seinen einfache Leute. Er gehört zur ersten Generation von Akademikern, aber eine gute Generation, sie sind vier Brüder und alle vier sind sehr weit angekommen, zwei sind Chirurgen, der vierte – von dem weiß ich nichts Genaues. Er hat lange Zeit mit einer Malerin zusammengelebt, eine, die älter war, aber eine Frau mit Klasse, sie hat ihn zu dem geformt, was er jetzt ist, von ihr hat er eine Reihe von Kunstbänden und Nachschlagewerken. Ich durfte einige Male in seiner Bibliothek nachschauen. Er beschäftigt sich mit Soziologie und Geschichte. Seine Berichte schreibt er direkt ins Englische oder auf Deutsch."

„Aha, du durftest in sein Haus?"

„Oh, denk nichts dabei, er ist ein anständiger und ruhiger Typ, er hat sich nicht einmal falsch verhalten. Er ist der Typ Mensch, der bis nachts um drei vor der Schreibmaschine sitzt. Ich glaube, er kann sich an mich gar nicht erinnern. Um sechs morgens steht er auf und macht Gymnastik. Über fünfzig, und schau, wie gut er aussieht. Er ist von etwas besessen, ihn beschäftigen Folklore, Aberglauben, Märchen, etwas in seinem Innern ist in ständiger Aufregung. Merkwürdig für einen Gelehrten, er ist besessen von Nornen. Er fürchtet sie, weil er an sie glaubt. Lächerlich, oder? Wenn du dich mit ihm unterhältst, wird er versuchen, dich darüber auszufragen."

„Und was genau macht er zurzeit?"

Die Atmosphäre im Haus fing an sich aufzuheitern. Die Gäste hatten Speck mit Knoblauch und Gemüse probiert. Es wurde Geld zusammengelegt und jemand ging schnell nach unten zum Lebensmittelladen, um Getränke zu holen. Costel war wieder wach und fing von Neuem mit dem Trinken an, musste sich aber mit Wein zufriedengeben, der Sliwowitz stank zu mächtig und keiner am Tisch war bereit, das auszuhalten. Alexiu hatte in der Küche mitgeholfen und man hätte sagen können, dass er ein alter Bekannter war. Alle duzten ihn, allein Mia traute sich das nicht und nannte ihn weiterhin „Herr Professor".

Antonia, die Gastgeberin, wollte alles wissen.

„Na ja", nickte Mia. Sie hatten wieder eine Ecke für sich gefunden, wo sie ungestört miteinander flüstern konnten. „Es ist schwer zu sagen, was er gerade tut. Er ist noch am Lehrstuhl, aber das nur, weil er es so will. Eigentlich hat er einen anderen Dienst. Oben, ganz oben, du kannst dir vorstellen, dass ich ihn nicht fragen kann, wo genau. Wahrscheinlich bei der Propagandaabteilung. Nein, sein Name wird nie erwähnt, so wichtig ist er auch nicht. Seine Brüder lachen ihn aus, sie haben sich von Anfang an politisch eingebunden, aber nur so tief, wie es für ihren Beruf und ihre Karriere nötig war. Alexiu hat sich lange Zeit abseits gehalten, aber als er drin war, war er auch mit Leib und Seele dabei. Seine Brüder meinten, dass er zweimal im Leben ein Dummkopf gewesen ist, am Anfang, als er um keinen Preis dabei sein wollte, und jetzt, wo er bis zum Hals drinsteckt."

Es wurden gekochte Kartoffeln mit Butter aufgetischt, unten im Lebensmittelladen war Butter geliefert worden und die Meisten hatten es noch nicht erfahren. Alexiu schien sich in dieser Gruppe von jüngeren Leuten ausgezeichnet zu fühlen und unterhielt sich mit jedem Einzelnen.

„Ein netter Typ", fand jemand. „Wer ist er eigentlich? Ein Freund von Costel etwa?"

In der Küche hatten sich einige zum Kartenspiel zusammengetan. Alexiu stand mit Costel hinter den Spielern und sie kommentierten das Spiel. Tincuţa stellte ihnen noch eine Runde Kaffee auf die Ecke des Buffets. Tincuţa war achtundzwanzig Jahre alt und noch ledig. Sie hatte die soziologische Fakultät abgeschlossen und ihre Pflichtzeit in einem Dorf im Donaudelta an einem Kulturhaus geleistet. Dort hatte sie gelernt, mit Männern Schnaps zu trinken. Eine Zeitlang war sie im Personalwesen in einem Unternehmen angestellt. Nun ist sie Instruktorin eines Kulturklubs in einem Stadtviertel. Sie erzählte, dass sie gegenwärtig Dienst hätte, wenn donnerstags Tanzabende für Jugendliche organisiert würden. Sonst säße sie im Büro des Direktors und beantwortete Telefonanrufe, wenn dieser weg sei. Tincuţa hatte sich mit Alexiu sofort angefreundet, sie hatten vieles gemeinsam. Sie unterhielten sich lange über Folklore, Mythos, Aberglauben, Religion, Sekten, naiven Glauben, besonders über naiven Glauben, und welche Entwicklung all dies in städtischer Umgebung genommen hat.

„Diese Figur ist relativ neu", erklärte Tincuţa. „Ich habe über den Verteiler der Strafen erst im letzten Jahr was gehört. Nun ja, ich bin relativ jung, ich beschäftige mich erst seit kurzer Zeit mit der Stadtfolklore und auf Fachbücher ist kein Verlass. Es gibt zwar auch seriöse Studien, aber keiner wagt sich dorthin, wo irgendwie eine politische Auslegung möglich ist. Sag mir aber", sprach sie Alexiu direkt an, „hast du einen festen Job? Wie kommst du zurecht? Bist du irgendwo Professor? Pass auf, gerade fangen große Umstrukturierungen an, wir werden die ersten sein, die rausfliegen."

„Ich habe eine feste Stelle", antworte ihr Alexiu.

„Es ist gut möglich, dass diese Figur des Verteilers der Strafen viel älter ist", führte Tincuţa ihre Idee fort. „Schon immer gibt es bei fast allen Völkern einen Helden der Gerechtigkeit. Nur dass unser Verteiler der Strafen kein Rebell, kein Rächer ist. Du kannst nicht zu ihm gehen und dich beklagen. Er ist eine abstrakte Darstellung, allein seine Existenz muss einem zu denken geben. Er füllt eine große Lücke aus. Vorsicht! Er richtet nicht, er stellt nicht das Böse fest, all das ist ja schon passiert. Er verteilt die Strafen! Ausgezeichnet, wie diese soziale Lücke identifiziert worden ist! Es gibt keine Angst vor Konsequenzen mehr, die ganze Welt pervertiert ohne Scham, die Herabwürdigung wird zur Parodie, das moralische Verbrechen eine Wette, es gibt keine Grenzen mehr. Nicht zu glauben, etwas, was gestern undenkbar war, wird selbstverständlich, nicht zu glauben!"

„Vier ohne Trumpf", spielte jemand am Tisch.

„Kontra."

„Dumm", kommentierte Costel.

„Noch subtiler scheint mir die Art und Weise zu sein, wie es dargestellt wird", fuhr Tincuţa fort und Alexiu war ganz Ohr, „dem Verteiler der Strafen ist dies schicksalhaft vorbestimmt worden, prophezeit bei der Geburt oder bei der Taufe von den drei Nornen, Anca, Stanca und…"

„Nein", hielt sie Alexiu an, „sie heißen nicht so."

„Nun ja, wichtig ist es nicht, irgendwie haben ihre Namen eine sonderbare Resonanz. Er, der Verteiler der Strafen, kennt seine Bestimmung nicht, er hat keine Ahnung davon, bis zu einem Zeitpunkt, der dafür genau bestimmt worden ist. Und noch etwas ist wichtig, die Nornen sind immer in seiner Nähe und verfolgen ihn Schritt für Schritt, als würden sie sich selbst überzeugen wollen, dass die Prophezeiung sich erfüllen wird."

„Genau", stimmte Alexiu zu.

„Zum Teufel noch mal", brummte irgendwer, „es ist elf Uhr nachts, morgen werde ich wieder im Büro mit dem Kopf auf den Tisch schlafen." Eine weitere Runde Kaffee mit Ersatzstoffen wurde vorbereitet, die wievielte? Die Jungs waren in ein Restaurant in der Nähe gegangen, um noch etwas für das Fest zu besorgen und hatten auch Wodka mitgebracht. Das Kartenspiel in der Küche war geplatzt, die ganze Gesellschaft hatte sich in kleine Gruppen aufgeteilt, die heiß diskutierten, als hätten sie sich seit Jahren nicht mehr gesehen. Überall wurde erzählt und getrunken.

„Prosit! Glückauf! Lebe wohl! Auf die Zukunft!"

Tincuța ließ nicht mehr von Alexiu los.

„Der Verteiler der Strafen hat gar keine Vorurteile", erklärte sie, „er ist weder streng noch milde. Auf seine Art ist er weder gebildet noch unwissend oder besonnen, er hört sich keine Plädoyers an und will nichts von der Anklage wissen. Für ihn ist jenes

„guilty" der Amerikaner ausgesprochen worden – letztlich von unserem Gewissen. Seine Augen sind zugebunden, er ist kalt und unnahbar, distanziert, ist an keiner Erklärung interessiert, er ist trocken, hart, unbarmherzig wie der Schlag eines Hackebeils."

Costel hatte gerade ein Gespräch über die Einstellung des Intellektuellen in der gegenwärtigen Situation angefangen, sein Lieblingsthema bei Besäufnissen. Im Allgemeinen fiel er kaum auf, die älteren Freunde kannten sein Plädoyer so gut wie auswendig, aber diesmal war jemand dabei, der sich als Vasi vorgestellt hatte, ein Architekt. Vasi antwortete ihm kurz ohne Umwege:

„Zum Müll! In den Mülleimer!"

Gerade zu dieser Zeit war Ruhe gewesen, alle Gäste konnten es hören und wollten sehen, wer so gnadenlos geurteilt hatte.

„Vasi, mein Lieber", versuchte das Mädchen, mit dem er gekommen war, die Situation zu retten (sie hieß Elvira und hatte die Scheidung eingereicht), „denk doch bitte nach, was du sagst, das gilt auch für uns. Ich meine, für uns alle, die hier sind an diesem Abend, auch für dich und für mich."

„Genau!"

„Aber hallo", hörte man jemanden.

„Es ist ein Gesichtspunkt, den man nur schwer anfechten kann", war auch Costel der Meinung.

„Der Intellektuelle ist immer ein Schurke und ein Hund und ein Verkaufter", fuhr jener Vasi fort, „und jetzt überbietet er sich selbst. Ja, wer ist der erste, der buckelt? Wer ist der erste, der das Eine denkt und genau das Gegenteilige sagt? Öffnen wir mal die Zeitung, hören wir uns mal eine Radiosendung an. Der einfache Mann ist auch dabei, werdet ihr sagen, doch wen plappert er nach? Wer ist sein Vorbild? Wer ist sein spiritueller Wegweiser? Wer ist sein Dichter, wer sein Philosoph?"

Die Diskussion war wieder entzündet worden, Vasi sah, dass Alexiu ihm genau zuhörte, so dass er fortfuhr:

„Neulich betrat ich eine Buchhandlung, wollte schauen, was noch so erschienen ist. Zufällig fiel mir ein Typ auf, der in einem Buch blätterte. Eine alte Frau hatte nichts Besseres zu tun und sprach ihn an: „Was für einen Roman lesen Sie da, mein Herr?" „Das ist gar kein Roman", antwortet er, „es ist die Vorlesung für politischen Unterricht im 2. Semester". „Und so was lesen Sie?", wundert sich die Alte, „ich habe es auch versucht, wollte sehen, was diese Sache mit der Politik so an sich hat, aber mehr wie zehn Reihen schaffe ich nicht".

Seine Antwort fiel ungefähr so aus: „Verehrte Frau, es ist ein Problem der Vorkenntnis, dies ist der Ruf des Intellektuellen, dort etwas zu können, wo andere nichts können. Sie können nur zehn Zeilen lesen, ich aber kann über diese Seite zwei geschlagene Stunden einen Vortrag halten", und die Person hat mit dem Finger auf irgendeine Seite gezeigt, „und ich versichere Ihnen, dass ich korrekt, flüssig und logisch spreche". „Aber der Inhalt", ließ die Alte sich nicht überzeugen, „aber der Sinn, die Idee, aber…" „Wen kümmert das schon", hob er mit den Schultern, „wer hört mir denn schon zu, vielleicht die Stühle…"

Alle waren etwas beschwipst, wie es bei Feten so passiert. Antonia war das egal, sie war jedes Mal eine ausgezeichnete Gastgeberin. Es machte ihr Freude, Gäste zu empfangen, alles auf dem Tisch zu servieren. Es wurde über Scheidungen, über Preise diskutiert, man machte Schätzungen über die kommenden Teuerungen. Einige waren in den Stühlen eingeschlafen, andere schauten melancholisch ins Leere, andere wiederum stritten wieder und wieder über bereits diskutierte und para-diskutierte Themen.

Costel war irgendwie verwirrt, jener Architekt Vasi hatte sein Lieblingssujet abgeschafft.

„Zum Müll?" Wirklich?", murmelte er, „aber das geht so nicht."

„Was? Denkst du, du bist echt besser?"

„Gut", gab sich Costel geschlagen, „dann zum Müll!" Darauf ging er in die Küche und holte den metallenen Müllkorb, stellte ihn mitten ins Zimmer. Hob seinen Deckel und deklamierte nach einiger Zeit:

„Wer sich für einen Intellektuellen hält, soll bitte vortreten!"

Etwa um Mitternacht gingen die Gäste nach und nach. Alexiu schien gar nicht wegen der späten Stunde unruhig zu sein und zeigte sich sehr hilfsbereit in hauswirtschaftlichen Dingen. Er war ständig in der Nähe von Antonia beim Sammeln der Kaffeetassen, Leeren der Aschenbecher und Ordnen von Sachen, die irgendwer durcheinandergebracht hatte.

Einige Stunden zuvor desselben Abends fuhr Herr Aristide Mihalache mit dem Bus Nr. 87. In der rechten Hand hielt er eine Tasche mit zwei Flaschen bulgarischen Weines und in der linken einen Strauß mit Freesien, den er erst nach langem Suchen am Vortag gekauft hatte. Herr Aristide war ein Mann der alten Schule, um nichts in der Welt hätte er einen Besuch abgestattet, ohne Blumen für die Dame des Hauses mitzubringen. Er war ohne seine Ehefrau unterwegs, sie sollte den Abend bei ihren Eltern verbringen. Beide Eheleute pflegten gegenüber den jeweiligen Schwiegereltern ein kühles Verhältnis.

Der Bus war leer, drei oder vier Personen. Der Verkehr ruhig. Herr Aristide war nicht in Eile. Er hatte gebadet, sich dann fein gemacht und trug seine besten Kleider. Er wollte Freunde besuchen. Abwesend schaute er aus dem Fenster. An einer Haltestelle beobachtete er eine junge Frau. Sie stieg in den Bus. Neunzehn, zwanzig Jahre, schätzte Herr Aristide, gerade Abitur gemacht oder sogar schon Studentin. Sie hatte bestimmt etwas vor, war elegant gekleidet, gepflegte Frisur, teure Schuhe. Die junge Frau spürte seinen Blick, drehte sich um und schaute ihm direkt in die Augen. Herr Aristide kam ins Schwitzen, die Frauen waren schon immer das Problem seines Lebens gewesen. Er war verheiratet, aber unzufrieden mit seinem Liebesleben. Die Ehefrau ließ ihn nicht ran, so erzählte er seinen Freunden, er musste lange bitten und betteln. Welch ein Elend! Hätte er dies gewusst, hätte er sie nicht geheiratet.

Nach zwei, drei Haltestellen setzte sich die junge Frau direkt neben Herrn Aristide und schaute nach vorne. Er hatte sie in seinem Blickfeld, er atmete ihren Duft ein. Es gab schon zwei, drei Blickwechsel. Seine Kehle war trocken. Am liebsten würde er ihre Hand anfassen und sie drücken, so müsste er handeln… Dafür war er zu feige, er hatte Angst, er befürchtete den Skandal und die Peinlichkeit. Er hatte eher bei älteren Frauen Erfolg, die keiner mehr wollte. Eine junge Geliebte, wie diese junge Frau… ah! Was für ein Geschöpf! Sollte er versuchen, mit ihr ins Gespräch zu kommen?

„Wie bitte?", sagte die Frau. Sie hatte wieder ihren Kopf zu ihm gewandt.

Herr Aristide murmelte irgendwas.

„Nein", schüttelt sie den Kopf, „ich habe kein Telefon. Nein, wir können uns nicht treffen, keineswegs. Nein, ich habe keine Adresse. Nein, dein Telefon interessiert mich nicht. Nur das eine, wenn du Interesse an mir hast, kannst du mich heute Abend einladen."

„Ich besuche Freunde, ich kann es nicht absagen. Die warten auf mich, es geht nicht."

„Na gut, dann nimm mich mit."

Herr Aristide war sprachlos. Für ihn war die Gesellschaft seiner Freunde etwas Heiliges, es war der einzige Ort, wo er sich wohl fühlte, der einzige Ort, wo man ihn kannte und wo er akzeptiert wurde, so wie er war. Gemeinsam mit seinen Freunden hatten sie bestimmte Gewohnheiten, feste Termine, dann trafen sie sich. Seine Freunde waren offen, sie würden keineswegs schief schauen, wenn er eine Freundin mitbringen würde statt der Ehefrau. Aber so was junges, jetzt eben kennen gelernt im Autobus?

Doch auf dieses unerwartete Abenteuer zu verzichten, so etwas Aufregendes, was ihn aus dem Alltag, dem Berufstrott herausriss, weg von der Ehefrau, den Schwiegereltern... Anderseits, machte man das, zu Freunden zu Besuch zu gehen mit einer Frau, die man kaum kannte?

„Kling, kling, es läutet! Es muss Tică sein", hörte man die Stimme Antonias jenseits der Tür, dann klackte das Schloss. „Tică! Tică! Mein Liebling, lass dich umarmen. Oho, wer ist dieses Fräulein? Oh, wie süß sie ist! Oho, Tică, du Alter, du verdienst nicht so ein junges, schönes Püppchen. Komm, meine Liebe, ich bin die Gastgeberin, ich heiße Antonia." Aristide ist verlegen, er weiß nicht wie sie heißt, welch eine Schande. Er ist nicht dazu gekommen, die junge Frau nach ihrem Namen zu fragen. Sie schüttelt die Hände, begrüßt jeden höflich und benimmt sich wohl erzogen. Sie neigt nur ihren Kopf bei jeder Begrüßung, jedoch ohne ihren Namen zu nennen. Sie lächelt wie eine unschuldige Internatsschülerin.

Aristide fühlte sich nicht wohl. Die junge Frau blieb ständig in seiner Nähe, sie schien brav und schüchtern zu sein, sie trank nicht, sie rauchte nicht, aber noch immer wusste er nicht, wie sie hieß. Er schaffte es nicht, mit ihr unter vier Augen zu bleiben, ständig war jemand dabei, ständig wurde über irgendetwas diskutiert. Sie antwortete und fragte ihrerseits und so folgte ein Gesprächsthema dem anderen. Und er wusste weiterhin nicht, wie sie hieß.

Zu diesem Zeitpunkt ging Costel in die Küche, holte den metallenen Abfallkorb und stellte ihn mitten ins Zimmer. Hob dessen Deckel hoch, verlangte nach Ruhe und rief laut:

„Wer sich für einen Intellektuellen hält, soll bitte vortreten!"

Die junge Frau hatte mit einer leichten Geste die Schulter von Alexiu berührt. „Entschuldige mich", hat sie gesagt und ist ins Bad gegangen. Sie hat die Tür hinter sich abgeschlossen, gepinkelt, sich nachher die Hände gewaschen und dann ihre Locken gekämmt. Sie strich sich mit einer müden Geste über ihr Gesicht, im Spiegel sah sie das Gesicht eines alten, vertrockneten Weibes an, eingewickelt in Lumpen.

Niemand wusste mehr, wie spät es war und eigentlich wollte es auch niemand wissen. Antonia saß mit einer alten Freundin in einer Ecke, die Frau weinte, die ewigen Ehedramen. Vier Männer versuchten, gemeinsam Brüderschaft zu trinken und verschütteten den Wein. Um den Schreibtisch hatte sich eine fröhliche Truppe zusammengetan, sie spielten das Erraten von abstrakten Begriffen, gerade war „Heimatretter" vorgeschlagen worden.

Vasi, der Architekt, versuchte verzweifelt, Witze zu erzählen.

„…Sie bringen Apollodor von Damaskus zu Kaiser Trajan und dieser sagt ihm: ‚Schau mal, lieber Apollodor, ich will einen Eroberungskrieg gegen die Daker anfangen und dafür brauche ich eine Brücke über die Donau. Kannst du sie bauen?' ‚Kann ich', antwortet Apollodor. ‚Und, wie viel würde das ungefähr kosten?' ‚Fünf Tausend Sesterzen.' ‚Na ja', meint Kaiser Trajan, ‚aber im Preis sollte alles inbegriffen sein, Planung, Ausführung, die technischen Vorarbeiten und Bauleitung und all das.' ‚Ja.' ‚Und wie lange denkst du, dass du brauchst, um fertig zu sein?' ,Drei Monate', antwortet Apollodor, nimmt das Geld und geht. Nach drei Monaten kommt der Zenturien-Vortrupp und sucht an der Donau flussauf und flussab. Keine Spur einer Brücke. Was ist passiert, fragen sie sich, schwimmen über die Donau und suchen nach Apollodor. Sie finden ihn in einer Kneipe, besoffen, er feiert und singt fröhlich. ,Was tust du, Mensch', fragen ihn die Soldaten. ,Was ist los mit der Brücke?' ,Nun, seht ihr', entschuldigt sich Apollodor, ,das Geld hat nicht gereicht, ich brauche noch zweitausend Sesterzen mehr.' Da wunderte sich der Offizier der Zenturien. ,Aber mit diesem zusätzlichen Geld bekommen wir die Brücke sicher?' ,Ja.' ,Bis wann?' ,In zwei Monaten.' ,Gut.' Noch zwei Monate vergehen, wieder wird ein Zenturien-Vortrupp vorgeschickt, wieder suchen sie nach der neuen Brücke und finden nichts. Sie schwimmen erneut über die Donau nach Dakien und suchen nach Apollodor von Damaskus. Sie finden ihn in einer anderen Kneipe, er ist wieder besoffen und singt. ,Mein Herr', wird er von den Zenturien schroff gefragt: ,wo ist die Brücke?' ,Das Geld hat nicht gelangt', winkt Apollodor mit der Hand ab. ,Ich brauche noch mal tausend Sesterzen.' ,Aber wann wird die Brücke fertig sein?' ,In einem Monat.' ,Sicher?' ,Sicher!"

Zwei junge Frauen tanzten miteinander mitten im Zimmer. Costel goß sich Wein ein.

„Woher ist denn dieser Wein? Ich hatte doch vorhin die letzte Flasche entkorkt."

„Ich weiß nicht", zuckte Antonia mit der Schulter. „Es sieht aus, als hätte ihn die junge Frau mitgebracht."

„Welche?", folgte Costel ihren Blick. „Wer ist sie eigentlich? Kenne ich sie?"

„Keine Ahnung, ist sie nicht mit Aristide gekommen?"

„Nein, sie ähnelt ihr, aber sie ist es nicht."

„…noch ein Witz. Also, es wird erzählt, nun ist die Brücke fertig und für Trajan soll es einen triumphalen Empfang geben. Die Truppen werden für die Parade aufgestellt; an vorderster Stelle sollen die übergelaufenen Daker stehen, man hat sie absichtlich gebracht, sie sollen applaudieren und jubeln und den Sieg des Kaisers hochpreisen. Aber Trajan verspätet sich und die übergelaufenen Daker beginnen sich zu langweilen. Wer weiß, was sie am Morgen gegessen hatten, auf einmal kriegen sie Durchfall und laufen alle unter die Brücke, um sich zu entleeren. Und gerade in diesem Augenblick erscheint Trajan. Er spürt, dass etwas bei der ganzen Empfangszeremonie nicht in Ordnung ist und fragt: ‚Wo sind die übergelaufenen Daker?' Der Zenturio kann nicht anders und sagt ihm die Wahrheit. Trajan bückt sich über die Brüstung der Brücke und tatsächlich, dort unten waren die Daker in der Hocke. ‚Na', sagte Trajan, ‚na, aber…'"

„Ich habe kein Kaffee mehr", entschuldigte sich Antonia.

„Noch eine Flasche Wein", wunderte sich Costel, „aber woher…"

„Hallo, wir sind mitten in der Woche", sagte jemand. „Gute Leute, morgen ist ein Arbeitstag, besser gesagt heute! Wie spät wird es wohl sein?… Was ist mit euch los?" Die vier trinken Brüderschaft und die drei jungen Frauen tanzen weiterhin miteinander, ohne Männer."

„Es sind zwei", korrigierte ihn Costel und wandte seinen Kopf, „es sind nur zwei."

„Aber nein, es sind drei, siehst du nicht, es sind drei."

Costel schaute sich nach Aristide um. Dieser hatte sich der Gruppe um Alexiu in jener Ecke angeschlossen, in der eine Art Gesellschaftsspiel stattfand.

„Was tut der DUMME", wurde gefragt.

„Der DUMME schafft die Situation. Er hat weder Horizont, noch Perspektive, gar keine Disziplin und Koordinierung. In seinem Denken herrscht das Chaos. Seine ganze Energie, geladen und ungenutzt, steht zur Verfügung. Wer Zugang zu seiner Psyche hat, macht aus ihm einen treuen Kämpfer. Er wird ihm einen Glauben geben, ihm den Sinn des Lebens vermitteln, an seiner Stelle die Welt anschauen und ihm Worte in den Mund legen."

„Was machen wir mit ihm?"

„Da kann man nichts tun. Er ist Teil der menschlichen Natur. Er gehört einfach dazu."

„Aber wer manipuliert ihn?"

„Der IRRE, der VERRÜCKTE, der PSYCHISCH KRANKE. Sein Platz ist in der Psychiatrie, aber der Zufall hat ihn zum Herrscher über die anderen gemacht."

„Wie bestrafen wir ihn?"

„Er würde die Strafe nicht verstehen, genau so wenig, wie er auch nicht versteht, was er tut. Er kann nichts verstehen, er ist geistig krank."

„Bravo, dann werden alle freigesprochen."

„Nein. Es gibt noch jemanden…"

„Der PERVERSE…"

„Was tut der PERVERSE?"

„Er ist am meisten schuldig! Er fördert die Situation. Er ist weder dumm, noch verrückt. Er versteht ganz genau was passiert, er weiß wieso, in welcher Art und Weise es passiert. Noch schlimmer, er weiß, dass ohne ihn all dieses nicht passieren würde. Wenn der DUMME die Situation schafft, ist diese nicht von Dauer, es muss erst ihn geben, den PERVERSEN, der sie antreibt, der sie fördert. Ohne ihn geht es nicht, er manövriert alles, er ist in seinem Handeln zielorientiert, effizient. Alles, was wir ringsum sehen, hat er mit seinen Händen gestaltet. Er kann gut und böse sehr wohl unterscheiden, er weiß ganz genau, was er macht, und deshalb hat er Angst. Angst, Scham, Feigheit, Bedauern, Hoffnung, Trauer und Bitterkeit begleiten ihn Tag für Tag. Und trotz all dem, alles was er tut, ist von einer teuflischen Effizienz. Er ekelt sich vor dem, was er tut, aber er tut es gut, daher seine Bezeichnung als PERVERSER…"

„Brrr…", hörte man Antonia, „mir läuft es kalt über den Rücken."

Es wurde total still. Die Musik hatte aufgehört, keiner flüsterte mehr, es wurde nicht mehr Brüderschaft getrunken und die drei Frauen, die alleine getanzt hatten, waren stehen geblieben, still, sich gegenseitig um die Taille haltend, schauten sie sich die

Gruppe an, in der gesprochen wurde.

„Wie bestrafen wir ihn?", hörte man eine leise, unsichere Stimme.

Alexiu stand auf und machte eine geschwungene Geste mit dem Oberarm:

„Alle Qual der Erde wäre nicht der geeignete Preis für das Böse, das er anrichtet. Er verdient eine ganz andere Strafe. Er, der das glorifiziert, was am Schlimmsten und am Ekligsten im Menschen ist, der – bitte verzeiht den Ausdruck – Scheiße isst, der alles verschmutzt, was er berührt, er, der die Luft verpestet, wo er auftaucht…, er, der wie man im Volke sagt, Scheiße frisst, Scheiße spricht, in Scheiße wuselt, er soll dann selbst aus Scheiße bestehen, von Kopf bis Fuß soll er aus diesem Stoff gemacht sein, wie ein Verpesteter, wie ein von Lepra befallener, damit die Leute ihn am Gestank erkennen und meiden können!"

„Pfui!", rief eine junge Frau.

Blitzartig war die Stille hin. Musik übertönte erneut das Geflüsterte und das laut Gesprochene. Die drei jungen Frauen fingen wie vorhin wieder an zu tanzen. In der Küche begann ein neues Bridgespiel.

„Was sagst du da, mein Herr?", wunderte sich Costel. Alexiu aber mied seinen Blick, war vom Stuhl aufgestanden und stand aufgewühlt und nervös in einer Ecke. Seine Stirn war mit großen Schweißtropfen bedeckt, die Lippen weiß – es ging ihm offensichtlich schlecht.

„Sieht so aus, als müsse ich weg", sprach er mit sichtlicher Mühe.

„Willst du nicht ein bisschen Zitronentee?", hielt ihn Antonia, wie eine gute Gastgeberin, die sie war, an.

„Nein, nein…"

„Lass ihn", hielt sie Costel an.

Alexiu trank ein Glas Wasser in der Küche, dann noch eins. Es ging ihm nicht gut. Er ging ins Bad und riegelte die Tür hinter sich zu. Er bückte sich über die Kloschüssel, um zu erbrechen, konnte aber nicht. Er fühlte sich aufgedunsen, aufgebläht.

„Ich muss etwas Falsches gegessen haben", murrte er. Er öffnete seine Hose und setzte sich auf das Klo.

„Mmmm", stöhnte er erleichtert, als die Krämpfe nachließen. Er spülte, weil der Gestank unerträglich war. Er fühlte sich irgendwie leichter, als wäre ein Teil seiner Körperschwere von ihm gegangen. Er wollte aufstehen, aber es war ihm unmöglich, er verkrampfte sich und stöhnte, ein Gefühl der Ohnmacht hatte ihn ergriffen, seine Hände zitterten und Schweißtropfen rollten ihm von der Stirn.

„Herr Alexiu", hörte man die Stimme Antonia hinter der Tür, „ist es Ihnen schlecht? Kann ich Ihnen irgendwie helfen?"

„Nein, nein!" Seine eigene Stimme klang hohl, dünn, schrill – unnatürlich. Er erstickte beinahe an dem Gestank und spülte erneut. Die Krämpfe wiederholten sich rhythmisch, jede Minute. Er versuchte nachzudenken, zu erkennen, was mit ihm los sei, aber es war nichts Besonderes, sein Stuhlgang war normal, nur dass es viel war, viel zu viel. Er spülte und spülte immer wieder. Nach jedem Krampf kam ein Gefühl der Erleichterung, es folgten immer weitere Krämpfe, so dass er von der Klobrille nicht weg konnte. Er fühlte sich beschämt, die Leute mussten gemerkt haben, dass er so lange in der Toilette geblieben war. Dann aber stellte er mit Grauen fest, dass die Geometrie des Badezimmers sich änderte, erst wusste er nicht genau wie, dann aber verstand er es und Panik ergriff ihn. Es waren Kindheitserinnerungen. So sah er das Badezimmer, als er noch kleiner war, den Blick mehr von unten, selbstverständlich war es ein anderer Blickwinkel, man war kleiner und alles wurde von unten betrachtet. Auch die Klobrille war irgendwie breiter geworden, größer, er musste die Beine weit auseinander spreizen, um sich zu halten, er musste sich sogar mit den Händen seitlich stützen. Er streckte die Hand nach einem Handtuch, das daneben hing, erreichte es aber nicht. Mein Gott! Was war passiert? Er hatte es vorhin benutzt, um sich den Schweiß abzutrocknen. Mein Gott! Er erkannte, dass er sich verkleinert hatte, dass sein Körper schrumpfte, dass er immer weniger wurde, dass er schmolz und dass er langsam aber sicher in den Abfluss glitt. Er grunzte kurz, wackelte, fast hätte er das Gleichgewicht verloren und wäre vom Klo gefallen, seine Füße langten nicht mehr zum Boden. Er spülte noch einmal. Seine Kleider waren ihm zu weit geworden und er ertrank darin, er war in ihnen gefangen, die Arme kamen nicht mehr bis zum Ende der Ärmel, der Kragen drückte ihm gegen die Nase und er konnte kaum noch atmen. Er fiel auf den Rücken und konnte sich gerade noch mit den Ellenbogen halten, um nicht ganz ins Klosett zu fallen. Er atmete noch einmal erleichtert auf und als die Krämpfe ihn erneut ergriffen, erkannte er, dass er es selbst war, den er seit ewiger Zeit suchte, und dass alles so vollbracht wurde, wie er in der Tiefe seiner Gedanken es für richtig gehalten hatte.

In der Küche wurde die letzte Runde gespielt. Costel hatte keine Flasche mehr gefunden und begann, die Reste aus den Gläsern in der Spüle zu leeren.

Antonia trat ins Bad und hielt sich die Nase zu. „Puh, was für ein Gestank, als wäre hier ein ganzes Regiment gewesen! Was sind das für Menschen…" Sie brauchte mehrere Eimer Wasser, um die Kloschüssel zu spülen.

Es war gegen sechs geworden. Die Gäste suchten ihre Mäntel und Mützen mit langsamen, taumelnden Gesten.

Unten, auf der Straße, war eine Straßenbahn entgleist und der Verkehr stockte.

„Verflucht, nicht mal nach einem Fest komm ich pünktlich zur Arbeit…"